やったほうがイイ！

邪気祓い

碇のりこ

日本文芸社

はじめに

人生を思いのままに変える「邪気祓い」を始めよう

突然ですが、みなさんは今の自分の人生に満足していますか？
どんなに努力しても、心が満たされない。健康に気を遣っているのに、体の不調を感じる。自分磨きをしているのに、運命の人に出会えない。真面目に働いているのに、お金が全然貯まらない……ほとんどの人は、多かれ少なかれ不満や不安を抱えていると思います。

一方で、まるで不満など一切ないかのように毎日をハッピーに過ごしている人が、周りに一人や二人、いるのではないでしょうか？

そうした人と自分を比べて落ち込んだり、羨《うらや》んだりした経験がある人も多いと思います。もし今、辛い思いをしているなら、もうこれ以上悩む必要はありません。

運が良い人と悪い人、成功する人としない人、努力が報われる人と報われない人。さまざまな見方ができますが、突き詰めると世の中は2通りの人間にわかれます。

それは**邪気を祓える人と、邪気を祓えずとりつかれてしまう人。**

運が強そうに見える人や、いつも幸せそうに過ごしている人は意識的にしろ、無意識的にしろ、**日常生活の中で上手に邪気祓いができている人です。**

邪気というと、とても恐ろしいもののように聞こえますが、私たちは日々、知らず知らずのうちに自ら邪気を生み出し、邪気を引き寄せています。家の中にいるとき、お金を使うとき、誰かと会っているとき……それに気づかず、なんとなく毎日を過ごしていると、いつの間にか心も体も邪気だらけになり、身動きがとれない状況になってしまうのです。

でも心配はいりません。**放っておくと恐ろしい邪気ですが、ちょっとしたコツをつかむだけで祓うことができます。**みなさんはただ、日頃の意識や行動を変えるだけでいいのです。本書が、そのきっかけとなることを心より願っています。

碇　のりこ

もくじ

1章

もしかして邪気と同居していませんか？

2章 お金じゃなくて〝邪金〟貯めていませんか？

お金の邪気祓い

3章 心と体の不調、邪気のせいじゃないですか？

心と体の邪気祓い

4章 うまくいかない人間関係に邪気の影？

人間関係の邪気祓い

5章 一年の終わりと初めは邪気を一掃するチャンス

年末年始の邪気祓い

久しぶりじゃのー
待っておったぞ！
懐しいなあ

邪気は、すべての人の心に存在します

「邪気」と聞いて、あなたはどのようなものを想像しますか？

怖い魔物が放つ悪霊、誰かの嫉妬や呪い、病気やケガの元凶……想像するものは人それぞれだと思いますが、**最も代表的な邪気は「自分の心の中に宿るもの」**です。

「え、私の心の中に邪気がいるの!?」

と驚かれるかもしれませんが、ほとんどの人は心の中に邪気を持っています。邪気とはズバリ、ネガティブな感情です。

最初にお伝えしたいのは、多くの人は「ネガティブな感情」＝「邪気」が大好きということです。これは20年間、人間の潜在意識について学び、2万人以上の方々と仕事を通じて関わってきた私の経験から言えることです。

ネガティブが悪いというわけではありません。

ネガティブな感情から、自分の本当の想いに気づけることもあるからです。ただ、ずっとネガティブな状態が続くと、邪気化してしまうのです。

みなさん、口では「幸せになりたい」と言っていても、潜在意識をみていくと「本当は変わりたくない」「この状態のまま、人を羨んでいるほうがラク」など、ネガティブな感情に無意識に執着していることがわかります。

自分の気持ちが足かせになり、プラスの行動を起こせないでいるのです。**それこそが邪気にとらわれている状態。**まずは、自分自身が邪気を生み出していることに気づくところから始めましょう。

邪気とは？　邪気寄せとは？

では、どうすれば邪気を生み出さず、引き寄せずにいられるのでしょうか？

よく子どものことを「無邪気」と言いますが、「邪気がない」＝「素直でひねくれていない状態」を意味します。この言葉からもわかるように、**邪気は素直じゃない、**

ひねくれている、頑固で人の言うことを聞かない心に宿ります。たとえば、
「親に愛されなかった、私なんて……」
「私のやり方が一番なのに、職場の連中ときたら……」
「夫の稼ぎが悪いから、どうせ我が家は……」

こんな「心」こそ、邪気そのものです。自分を大切にできなかったり、ひとつの考えに執着したり、何でも人のせいにしている限り、いつまでたっても邪気はあなたから離れず、幸せになれないよう邪魔をします。

もし邪気にとらわれたまま、暮らしているとどうなるのでしょう？　困ったことに、さらに邪気を引き寄せてしまいます。というのも邪気は仲間が大好き。あなたが邪気を放っていると、邪気を持った人・もの・こと、いわゆる〝邪気トモ〟が身近に増えていき、あなたの心にも家にも住みつきます。

近年「引き寄せの法則」が人気ですが、人が発する波動（気）は同じ波動を引き寄せます。心にある邪気の波動が大きくなれば、当然邪気を引き寄せてしまうのです。

自分が望んでいない状況ばかり起こるという人は〝邪気寄せ〟をしているということ。全然うれしくありませんよね。

邪気祓いをして、幸運体質に！

この本では、邪気祓いの具体的なメソッドをご紹介します。難しく考えず、まずは一つひとつ実践してみましょう。具体的に動いてみることで、自分が邪気寄せしている行動パターンや、邪気を生み出す想い癖も見えてきます。すると次第にあなたの潜在意識も変わり、邪気を寄せつけない幸運体質になっていくはずです。

邪気を祓うことは、生活環境を整え、自分自身を変えることでもあります。邪気は気づいた瞬間から祓うことができます。つまり、今すぐ自分のチカラで人生を好転させられるということです。

邪気祓いで、人生は必ずうまくいきます。さあ始めましょう！

実践するとこんな
いいことが起こる！

邪気祓いは最高の開運法

本書では５つの章にわけて邪気祓いを紹介していきます。１章からでも、邪気祓いをしたいと感じる章から始めてもOKです。

1章

家の中の邪気祓いをすると…

・家の中が居心地良く感じられるようになる
・好きな家具やインテリアがそろうようになる
・朝、着ていく服で悩まなくなる

2章

お金の邪気祓いをすると…

・お金の流れが良くなる
・無駄な出費がなくなる
・資産が増える
・貯金ができるようになる

3章

心と体の邪気祓いをすると…

・体の不調がなくなり、行動的になる
・新しいことにチャレンジできるようになる
・いつも前向きでいられるようになる
・冷え性が改善される

4章

人間関係の邪気祓いをすると…

・恋人ができる
・腐れ縁だった恋人と別れることができる
・夫婦仲が円満になる
・苦手な人が減る

5章

年末年始の邪気祓いをすると…

・1年間ため込んだ邪気を祓い、清々しい気持ちで新年を迎えられる
・新年の願い事が叶いやすくなる
・新年にラッキーなことやうれしいことが舞い込んでくる

1章

もしかして邪気と同居していませんか?

玄関、リビング、水まわり……家の中には邪気の大好きな場所がいっぱい。ひとつずつ見直すことで家から邪気を追い払いましょう。

家まわりに潜む邪気

お持ち帰り邪気

特徴：住人にとりつき侵入、そのまま居座る

汚いもの・悪臭大好き邪気

特徴：ゴミや埃、腐ったものに群がる

邪器

特徴：欠けやひびがある器そのもの

など

家の邪気祓い1

玄関に靴、ゴミ、邪気…たまっていませんか？

こんな人にオススメ

◇ 家に帰るとなぜか気分が重くなる
◇ 玄関に常に靴が散乱している
◇ 玄関の水拭きをしたことがない

玄関は人だけでなく「気」の出入り口でもあります。良い気も邪気も玄関を通って入ってくるため、**玄関は家の邪気祓いをする上でのカギ**と言えます。

入ってきた邪気や、すでに居ついている邪気を祓うには、とにかくきれいに保つこと。**掃除をすることで玄関を浄化し、良い気をめぐらせましょう。**ポイントは、まず靴は靴箱に、傘は傘立てに収納すること。たくさんの靴や傘が置いてある玄関は、汚れや湿気が大好きな邪気をため込みがちです。ずっと使っていないものは処分することで、きれいさっぱり邪気を追い出しましょう。次にたたきの埃を掃き、水拭きをします。目立ちにくいかもしれませんが、外から入る汚れと邪気でたたきはかなり汚れているのです。最後にドアノブをピカピカに磨きます。手で触れる部分を美しく磨くことで、邪気をリセットする場に整えます。掃除をするときは玄関のドアを開け、風通しを良くすることで埃と一緒に邪気も外に掃き出すことを意識しましょう。

POINT

玄関は最優先で邪気祓いすべし！

玄関には音と香りの邪気祓いアイテムを

こんな人にオススメ

◇ 外から帰ってくると体がダルい
◇ 家に帰っても外で起きたことをずっと引きずりがち

学校や職場、人混みなど、さまざまな人がいる空間は、周りの人から「気」をもらいやすい場所です。家に帰ってから「なんだか調子が良くないな」と感じたら、邪気をもらってしまった可能性も……。**家の中に持ち込まないためには、玄関でちゃんと祓っておくことが大事です。手っ取り早く効果的な方法は鈴をつけること。**神社の賽銭箱の上にも大きな鈴が吊るされていますよね。一説によると、鈴の音によって参拝者の心を祓い清めるという意味があります。何気なく鳴らしていた「しゃらん」という清らかな音色には、邪気を祓い、場の空気を清める効果があるのです。同じように、玄関にも心地よく響く鈴をつけましょう。サイズは小さくてもいいので、玄関ドアなど、鈴がよく揺れる場所につけます。また、香りも邪気祓いに効果的。実は**お香やアロマキャンドルにはリラックス効果はもちろん、気の流れを良くするチカラもあります。**こちらも種類に決まりはないので、お気に入りの香りで満たしましょう。

POINT

玄関を浄化の場にして家内安全

家の邪気祓い3

水まわり＝金運！ 磨けばマネーの泉に

こんな人にオススメ

◇ 排水溝から悪臭が漂っている
◇ 気がつくと無駄な出費をしている
◇ 思うように貯金ができない

「最近、よくわからない出費が多いな」

「働けど働けど、なかなかお金が貯まらない」

そんなふうに感じることはありませんか？

出ていくお金が多く、入ってくるお金が少ないと感じるときは、お金の流れが悪くなっているサインです。お金がスムーズに入ってこない＝お金が詰まって流れていない状態をイメージするとわかりやすいですよね。

そんなときに意識したいのが、水まわりの邪気祓い。**キッチンや洗面所、トイレ、バスルームといった水まわりは、金運アップにダイレクトにつながる空間です。**常に美しくなるよう掃除すれば、お金の流れが良くなる反面、汚れたままにしておくと金運のエネルギーがよどみ、邪気が入りやすくなるので要注意。限界まで汚れを放っておくのではなく、定期的な掃除を習慣づけましょう。


〈水まわりの邪気祓いのやり方〉
①蛇口やシンクの水垢を取り、ピカピカに磨く。
②バスルームや洗面台の鏡をピカピカに磨く。

③排水溝の洗浄をして、汚れや詰まりを取る。
④収納など、外から見えない部分もきちんと整理する。
⑤ボディタオルや食器洗い用スポンジは、ボロボロになっていたら新しいものと交換する。
⑥使っていないものは処分する。

特に意識したいのが、**蛇口やシンクなどの金属部分をピカピカに磨いて光らせること。光るものには邪気を跳ね返すパワーがあります。**内面が明るく輝いている人には邪気が近寄らないのと同じ理由です。毎朝、自分の姿を映す鏡も、埃だらけでよく見えないよりは、輝いていたほうが気持ち良く一日をスタートさせられますよね。ピカピカに輝く鏡には、邪気を寄せつけないだけでなく、そこに映る自分の心まで輝かせるチカラがあるのです。

また、バスルームに置いてあるシャンプーやリンスなどのボトル類、洗面台にあるスキンケア用品などは、ずっと使っていないものがあれば処分しましょう。開封後、時間が経つにつれ劣化することはもちろん、使わずに置いておくと水垢や埃と一緒に邪気がたまってしまいます。もったいないと感じたら、〝邪気寄せアイテム〟であることを思い出していさぎよく捨ててしまいましょう。

そしてもうひとつ、水まわりで気をつけたいのが臭いです。悪臭と邪気は一心同体。生ごみを置きっ放しにしているキッチンの三角コーナー、髪の毛やせっけんカスを取り除いていないバスルームの排水溝、最後にいつ掃除をしたか覚えていないトイレなど……**悪臭が立ち込めるところには邪気がいると思って間違いありません。**掃除の際にはぜひ、臭いがないかチェックしてみてください。

POINT

水まわりを磨けば財布も心も潤う

家の邪気祓い4

邪気の通り道は塩で封鎖

こんな人にオススメ

◇ トイレは汚いものだと思っている
◇ 水まわりの掃除をしても一向に金運が上がらない

水まわりをピカピカに掃除したら、**仕上げに塩を流すことでお祓い効果がグンとアップします。**流す場所は、排水溝とトイレ。ミネラルを含んだ、自然の塩を使ってください。普段から家の中に盛り塩をしている人は、使い終わったものを流すといいでしょう。お塩と一緒に水を流すことで、邪気を浄化します。

特に**トイレは、昔からきれいにすることで運気が上がる場所と言われてきました。**実際に社会的に成功している人が、トイレ掃除を一生懸命していたエピソードなどを披露し、話題になりますよね。トイレは汚い場所と思われがちですが、私たちにとってなくてはならない大切な場所。排泄という行為によって体内を浄化する場所ですから、トイレの邪気を祓い「気」をきれいにすることは、私たち自身の運気を高めることにもつながるのです。トイレ掃除は自分の心を磨く行為だと思って、率先して行いましょう。

POINT

排水溝を清める者が邪気を制す

家の邪気祓い5

ひび割れた“邪器”を眠らせていませんか？

こんな人にオススメ

◇ 食器がかけても気にせず使う
◇ 引き出物でもらった器が食器棚の奥で眠っている

ヒビが入っている器や、かけているマグカップ。「まだ使えるから」と食器棚に収納していませんか？　残念ながらこうした食器は、悪い気をまとった〝邪器〟です。心理学に面白い実験があります。被験者に普通のお皿と割れているお皿の2枚を渡し、どちらか1枚を割るように伝えます。すると、すべての被験者が割れているほうのお皿を選んだのです。**不完全なものは潜在意識の中で「大事に扱わなくていいもの」と認識され、扱いが雑になってしまいます。**かけた食器に邪気がたまるのは言うまでもありません。さらに「腐ったミカンの方程式」と同じように、食器棚にひとつ邪器があるとほかの器にも伝染してしまいます。また引き出物などでもらった器を、使わずに眠らせている人も要注意。**贈り物は受けとった時点で相手の気持ちを受けとめているので、ずっと持ち続ける必要はありません。**感謝の気持ちを込めて捨てたり、譲ったりすることで邪器になるのを防ぎましょう。

POINT

伝染力の高い〝邪器〟は今すぐ処分

家の邪気祓い6

冷蔵庫の古い食材は“邪気メシ”のもと

こんな人にオススメ

◇ よく食材を腐らせる
◇ 食料の買いだめをすることが多い
◇ 賞味期限を気にしない

キッチンの中で邪気の隠れ家になりやすいのが冷蔵庫。冷蔵庫の中の汚れはもちろん、**最も気をつけなければならないのが腐った食材です。**賞味期限をとっくに過ぎた総菜やしなびた野菜など、「もう食べられないかな」と思いつつも捨てられず、冷蔵庫に入れたままにしていませんか？　そうした食材は衛生面で危険なだけでなく、「なかなか食べることができない」という罪悪感が食べ物に宿り、次第に栄養価やエネルギーが下がっていきます。そんな食材でつくる〝邪気メシ〟を自分や家族が食べ続けていたら……考えるだけでも恐ろしいですよね。

ものを腐らせないためには、普段から冷蔵庫の中をこまめにチェックすることが大切です。安いからといって必要以上に買いだめをすることは、邪気のタマゴを買うようなもの。もし腐らせてしまったら、即刻ゴミ箱へ。常に冷蔵庫の中身を把握することで、冷蔵庫を邪気メシ製造機にしないよう心がけましょう。

POINT

腐った食べ物＝邪気メシ！　躊躇せずゴミ箱へ

家の邪気祓い7

「とりあえず」の家具が邪気部屋への第一歩

こんな人にオススメ

◇ インテリアは、デザインが気に入らなくても安いものを買う

◇ 押し入れの中身を把握していない

家の中で最も過ごす時間が長いリビングや寝室。心地良い睡眠やリラックスタイムを確保するためには、邪気が潜むようなスキをつくりたくないですよね。

「うちはいつもきれいに掃除しているから大丈夫」

と思った方、本当に大丈夫でしょうか？　埃やゴミをため込まず、整理された状態にすることはもちろん大切ですが、実は、それだけでは邪気祓いをしたことにはなりません。リビングや寝室で最も邪気を引き寄せるもの、それは家具やインテリアです。

部屋の中を見渡してみてください。「どれも妥協せずに選んだ、お気に入りのものばかり」と思える人は大丈夫。反対に「気に入らない」「見るたびに気分が下がる」と感じるものがある人は赤信号。そこにはすでに邪気がたまっています。**負の感情を発するたび、どんどん邪気が蓄積されていくのです。**

とは言え、誰だってできることならお気に入りのものに囲まれて暮らしたいですよね。それができないのはなぜでしょうか？

「とりあえず必要だから間に合わせの家具を使っている」

「お金がないから、デザインや質については妥協している」

「あまり気に入っていないけど、人からもらったものだから」など、そこには何かしらの妥協や遠慮があるはずです。また「ひとつくらいなら気に入らないものがあってもいいでしょ」と思われるかもしれません。しかし**邪気には仲間を引き寄せる〝邪気寄せの法則〟があるのです。**「まあいいか」で買ったものがひとつでもあると、気づいたときには妥協したものだらけの部屋になりかねません。そうなったら最後。邪気にとっては心地良く、住む人にとってはこの上なく居心地の悪い〝邪気部屋〟の完成です。

では、邪気部屋をつくらないためには、どうすればいいのでしょうか？　まずは**本当に気に入っているもの以外は処分し、「とりあえず買い」をやめることから始めましょう。**捨てる際には、今後同じような買い方をしないためにも、なぜ買ったのか、必ず自分の心に問いかけるようにしてください。「セール品だったからつい」「買い物でストレス発散をしたかったから」など、自分の買い物のパターンを知ることで、とりあえず買いを繰り返さないことが重要です。

また、買っても使わずにしまっているものも要注意。たとえ押入れなどの目に見えない場所に収納していても「使ってもらえなくて悲しい……」という負のエネルギーをこちらに向けて発しています。いさぎよく処分しましょう。

自分が気に入っているかどうかを見極めるポイントは、そのアイテムがあることで幸せな気持ちになれるかどうか。お気に入りとは「気が入る」ということ。それを持つことで生まれる幸せな気持ちや良い気が入ったものであれば、邪気が宿ることはありません。少し奮発してでも本当にお気に入りのものを買うといいでしょう。普段、購入しているものよりワンランク上のものを選んだり、気に入るものが見つかるまでとことん探したりと、妥協しないことも大事です。値段にかかわらず、好きなものには邪気を跳ね返すエネルギーがあります。エネルギーの高い、お気に入りのものだけを置き、リラックス空間を邪気に占領されないようにしましょう。

POINT

良い気が入った「お気に入り」アイテムで邪気防止

家の邪気祓い8

悲しい思い出の服を保管していませんか？

こんな人にオススメ

◇ クローゼットの中が服でいっぱい
◇ いつも着る服がないとぼやいている
◇ セールで衝動買いをしてしまう

家の中と同様に、クローゼットの中もお気に入りのものだけを収納することが大切です。特に女性に多いのですが、「着る服がない」と言っている人ほど、クローゼットの中は着ていない服でいっぱいです。

着なくなった服や使わなくなったバッグなどは、立派な〝邪気寄せアイテム〟です。気に入らない服やずっと着ていない服がぎゅうぎゅうに詰まったクローゼットは、もはや邪気の巣窟……。そんな場所に保存している服が、新しい出会いや楽しい場所に連れて行ってくれるわけがありません。

気づいたときが邪気を一掃するチャンス。捨てる基準がわからないという人は、以下の項目をチェックしながら、クローゼットの中を整理していきましょう。

□その服やアイテムを身につけていても気分が上がらない
□2年以上身につけていない
□高価だからという理由で、着用していないのに捨てられない
□人からもらったけど、実はそんなに気に入っていない

□その服やアイテムを見ると、失恋などの悲しい思い出が蘇る

いかがでしょうか？　当てはまるものは、処分するのが正解です。「そのうち着る機会が訪れるかも」と思っていても、クローゼットに保管している間に邪気が日々たまってしまうのです。もちろん、パーティ用の服など、使用頻度が少なくても、確実に使う予定があるもの、お気に入りのものであれば大丈夫。**身につけるたびに前向きな気持ちになる、気分が上がる服であれば、邪気がたまる心配はありません。**

反対に、**たとえ使用頻度が高くても「悲しい思い出がよみがえるもの」は要注意です。**特に新しい恋がなかなか見つからない、好きな人ができても上手くいかないという人はクローゼットの中に原因があるのかも。失恋したときに着ていた服、けんか別れした彼に買ってもらったバッグなどには、恐ろしいことにそのときの感情が邪気としてたまっています。同様に就職活動がうまくいかなかったときに着ていたスーツや、プレゼンで大きな失敗をしたときに着ていたジャケットなどにも仕事運をダウンさせる邪気が宿っているのです。見るだけでそのときの辛い気持ちがよみがえる、胸が苦

しくなるようなものは完全なる邪気寄せアイテム。たとえデザインが気に入っていても、いさぎよく処分するか、どうしても気に入っているなら自然塩を振りかけて浄化するようにしましょう。

また頭では理解できていても、いざ整理しようと思うと、どこから手をつければいいのかわからないという人もいますよね。そういう場合は、片付け専門のプロに依頼するのがオススメ。プロに頼む以上、費用がかかってしまいますが、それでクローゼットの中の邪気を祓うことができるのなら安いもの。邪気寄せアイテムを捨てれば、それだけ空間が生まれます。そこに新たなお気に入りの服やアイテムを収納すれば、新しい出会いや楽しいことを連れてきてくれるはず。結果的に、かかったお金以上のものが返ってくることになるでしょう。

POINT

新しい服が、新たな恋を連れてくる

家の邪気祓い9

植物は邪気清浄機かつ部屋の邪気メーター

こんな人にオススメ

◇ 部屋の空気がよどんでいると感じる

◇ 観葉植物を置いても
なぜかすぐに枯れてしまう

家の中に癒しと彩りをもたらしてくれる観葉植物。実は**室内の邪気を吸収してくれる、とてもありがたい存在でもあるのです。**私のオフィスでもネガティブな気を発している人のカウンセリングを続けざまに行った後は、それまで元気だった観葉植物があっという間に枯れてしまいます。どれだけ日当たりや水やりに気をつけていてもダメなのです。そんなときは、「私の代わりに邪気を吸ってくれてありがとう」と感謝の気持ちを込めて処分し、また新しい植物を迎えるようにします。

観葉植物を育てるのが苦手という人は、切り花がオススメです。自分がネガティブな感情に支配されているうちは、花も枯れやすいですが、邪気を吸ってもらううちにだんだんと自分の気持ちが軽くなり、花も長持ちするようになるでしょう。スーパーや駅前などで一束数百円で売っているようなお手軽なもので構わないので、心がときめく花を活けるようにしましょう。

POINT

枯らしてしまう人こそ感謝しながら置き続けよう

家の邪気祓い10

フリマのお買い物、邪気まで買ってない!?

こんな人にオススメ

◇ フリーマーケットやリサイクルショップでよく買い物をする
◇ アンティークのものが好き

最近ではフリマアプリやネットオークションなどで、個人同士での商品売買が簡単にできるようになりました。利用している人も多いと思いますが、**中古品である以上は良くも悪くも前の持ち主の「気」が入っています。**良い気であれば問題ありませんが、「お金のために泣く泣く手放した」「見るのも嫌なほど辛い思い出がある」など、悪い気が入っている場合もあるので注意が必要です。

とは言え、購入前に邪気がついているかどうかを判断するのは難しいため、中古品を購入したら、使用する前に浄化することをオススメします。やり方はいたってシンプル。まず全体の汚れを拭いたあと、**最後に自然塩を振りかけてたまっている気を浄化してください。**また、洋服などは洗剤と一緒にスプーン一杯の塩を入れて洗濯機で洗うのも効果的です。たまっていた気をリセットし、より気持ち良く使うことで良い気をめぐらせましょう。

POINT

古着を買ったら洗剤＋塩ひとさじで浄化

家の邪気祓い11

究極の邪気祓い！引越しで悪運リセット

こんな人にオススメ

◇ 今の家に住み始めてから悪いことが立て続けに起こる

◇ 何をしてもうまくいかない

本書でご紹介している邪気祓いをしても、あらゆる手をつくしても、何もかもうまくいかない！　そんなときは、**最も強力な邪気祓いである引越しが効果的です。**

前回引越してから「ツイてない」「家に帰ると気分が悪くなる」と感じている場合も、土地やその家に邪気がたまっている可能性があるため、引越しを検討してもいいかもしれません。物件探しで良し悪しを見極めるポイントのひとつは、**部屋に立ったときに良い気を感じるかどうか。**条件は良いのになぜか暗い印象がある、そこで暮らす自分が全くイメージできないというときは、その場に邪気が潜んでいる証拠。また内見の日程が全然合わない、入居審査で落ちるなどの場合も邪気に阻まれている可能性が考えられます。反対に内見の申し込み電話をしたら、たまたまその日に見学ができた、探していたその日にちょうど空室になったなど、ものごとがスムーズに進む場合はその場所の「気」が良い証。迷わず契約して大丈夫です。

POINT

物件探しでは五感を研ぎ澄まし「気」を感じて

Column 1

最強の邪気祓いアイテム

塩のお作法

古来より塩は、最もメジャーな邪気祓いアイテムとして使われてきました。神事や葬式後のお清めなどで使うイメージが強いと思いますが、普段からどんどん使いましょう。邪気を感じたら自然塩の出番です。

盛り塩をして家の中の邪気祓い

家の中に邪気を入れないためには、玄関や部屋の四隅などに盛り塩をすると効果的。小皿の上に三角錐の形になるように自然塩を盛り、置いておきます。交換頻度は通常1週間ごとですが、強い邪気を感じるうちは毎日取り換えてください。

お守りにして外出先で邪気祓い

小さな袋に自然塩を入れて持ち歩けば、自家製“塩お守り”の完成。普段から持ち歩いてもいいですし、特に心配事や嫌なことがある日だけ身につけても十分効き目があります。

お風呂に入れて全身の邪気祓い

体全体の不調を感じるときは、浴槽に自然塩100gと日本酒１合を入れて入浴しましょう。さらに髪や体を洗う前に、塩を頭から振りかけることで浄化パワーが高まります。

振りかけて体やものの邪気祓い

体やものの邪気祓いをする際は、そこにまとわりついた邪気が逃げ出すイメージをしながら塩を振るとより効果的。体の場合、痛みや違和感のある場所に振りかけましょう。

2
章

お金じゃなくて〝邪金〟貯めていませんか？

お金に対して「汚いもの」「手に入らないもの」といった邪気を発していませんか？　お金と仲良くなることで邪気を祓いましょう。

お金まわりに潜む邪気

思い込み邪気

特徴：お金は汚い、悪いという思い込みに宿る

“汚財布”邪気

特徴：汚れた財布に群がる

貧乏大好き邪気

特徴：お金の代わりに財布に住みつく

など

お金の邪気祓い1

お金への勝手な想いが邪気を生んでいます

こんな人にオススメ

◇ お金を使うことに罪悪感がある
◇ お金に触れることに抵抗感がある
◇ 見栄を張るためにおごりがち

お金を使う際、「分不相応のものを買ってしまった」「こんなに買い物をして大丈夫かな」など、後ろめたい気持ちになったことはありませんか？　「清貧」という言葉があるように、日本には昔から人前でお金の話をすることや、お金を欲しがることをはしたないと感じる文化があります。しかし、**お金を使うたびに罪悪感があったりネガティブな気持ちを抱いたりしていると、その気持ちが邪気としてお金に伝わり、次第に自分のもとに入ってこなくなります。**

せっかくお金を使うなら、楽しむことが大事。人にご馳走するときも、払うときはケチケチせずに喜んで払いましょう。そうすることでお金にも良い気が伝わり、次第にお金の流れが良くなっていきます。反対に「ケチだと思われたくないから」という見栄でいやいやおごっていると、ネガティブな気持ちをお金に発することになり、邪気を感じたお金が「この人のもとにいるのはやめよう」と、逃げて行ってしまいます。

同様にお金を受け取る際も喜んで受け取ることが大事。謙虚が美徳とされる日本では、お金を差し出された際に「結構です」と断ってしまうことがありますが、これはお金に対し「必要ない」と拒絶しているようなもの。お金をもらう、おごってもらうときなどは、感謝の気持ちを込めて素直に受け取りましょう。

お金に対する考え方には、育った環境が大きく影響しています。子どものころ、親から「お金は汚いもの」「お金を欲しがるのは品がないこと」などと教えられた人は、無意識のうちにお金に対して邪気を放っている可能性があります。どうして自分がそういう思い込みをしているのか、原因を探し、修正することが重要です。

たとえば「お金は汚い」という思い込みは、お金が不特定多数の人に触れられているものというイメージに結びついているケースがほとんどです。確かに衛生的ではありませんが、いわゆる「汚職」などのような、不正や悪いことという意味ではありません。お金とは、もとは普通の紙切れです。そこにいろいろな意味や想いをつけて、邪気を発しているのは人間のほう。「汚い」「嫌い」という邪気を発するのをやめれば、お金も自然に飛び込んでくるようになるでしょう。

POINT

自分の思い込みに気づき、お金と和解しよう

＜お金の邪気祓いのためのチェックリスト＞

以下のような考え方をしていないかチェックしてみましょう。ひとつでも当てはまれば、お金に対し、邪気を発しているということ。なぜそう思うようになったのか、本当にそうなのか、自分の感情ときちんと向き合うことで、お金に対してポジティブな気持ちを持てるようになりましょう。

- □ お金は汚いものだ
- □ お金持ちになると人が離れていく
- □ お金を稼いでいる人は性格が悪い
- □ お金持ちを見ると無性に腹が立つ
- □ お金持ちは裏で悪いことをしているはずだ
- □ 金銭トラブルのせいで親が離婚した
- □ 恋人ができないのはお金がないせいだ
- □ 結婚できないのはお金がないせいだ
- □ お金を稼ぎすぎると性格が変わる
- □ お金を稼ぐと家族仲が悪くなる
- □ 人前でお金の話をするのは行儀が悪い
- □ お金を欲しがるのは、はしたない行為だ
- □ 苦労しないとお金は手に入らないものだ

お金の邪気祓い2

その貯金、もしかして“邪金”ではないですか？

こんな人にオススメ

- ◇ 貯金がないと不安になる
- ◇ 常に最悪の事態を想定する
- ◇ もしもの備えが大好き

あればあっただけ便利で生活を豊かにしてくれるお金。一生懸命お金を貯めている人も多いと思いますが、貯金の目的によっては邪気が寄ってくるので要注意です。「マイホームを建てたい」「起業するための資金を貯めたい」など、考えるだけでワクワクするような、夢や目標のための貯金なら大丈夫。どんどん貯めてください。

一方、漠然とした不安から貯金をしているならちょっと待って。病気や事故など不測の事態を想定し、**ネガティブな気持ちから始めた貯金は邪気がたまった貯金、すなわち〝邪金〟になります。** 不思議なことに、邪金には自分が想定した「不測の事態」を確実に引き寄せてしまうチカラがあります。「病気になったときのために」という目的で貯めたなら、病気になるような状況を引き寄せてしまうのです。そうならないためには、不安や心配事のためにお金を貯めないこと。楽しい未来を見据えて、前向きな気持ちでお金を貯めることが邪気祓いになります。

POINT

せっかく貯めるなら叶えたい夢や目標のために！

お金の邪気祓い3

財布内で幅を利かせる ポイントカードに注意

こんな人にオススメ

◇ ポイントカードは
必ずつくるようにしている
◇ 財布の中身がいつもパンパン

みなさんの財布の中にも邪気になるものがあります。人によってはたくさんためていることも……。それはポイントカードです。最近ではほとんどのお店でポイントカードが発行されますが、たった一度しか行かなかったお店のものでも捨てられずに持っていませんか?「もったいないから」「損をしたくないから」という気持ちから、**たくさんのポイントカードを持つことは邪気を発するだけでなく、スペースを奪われたお金に窮屈な思いをさせてしまうことになるのです。**「この財布の中にいると狭くて辛い」「これ以上増えないようにしよう」などと、居心地が悪くなったお金は出て行ってしまいます。その結果、残ったのは邪気を帯びて一向に貯まらないポイントカードの山。もちろん、頻繁に買い物に行くお店のものなど、必要最小限であれば持っていても問題ありません。ポイントカードを減らすだけでお金が自然に入ってくるようになることもあるので、ぜひ試してみてください。

POINT

財布はお金にとっての家! すっきり心地良い空間に

お金の邪気祓い4

お札の向きを整えて邪気を跳ね返そう

こんな人にオススメ

◇ 財布の中のお札の向きがいつもバラバラ

◇ 支払いの際、お金を雑に渡す

お札を財布に入れるとき、向きを意識していますか？「上下逆さまにしたほうがいい」「上向きのままがいい」など、さまざまな意見がありますが、**大前提としてお札の上下・裏表の向きは、すべてそろえるようにしましょう**。そのほうがお金のエネルギーが整い、邪気を祓うチカラが強くなるからです。

またお金持ちの人を見ていると、お金を払うときは必ず相手のほうに肖像画が向くようお札をそろえて渡していることがわかります。受け取った人が気持ちがいいのはもちろん、そうした相手を思いやるポジティブな気持ちには、邪気を跳ね返す力があります。「えっ、そんなことで？」と思われるかもしれませんが、どんなささやかなことでも、相手への気遣いや思いやりといった温かい気持ちに、邪気は太刀打ちできません。お財布の中に入れるとき、誰かに渡すときなど、常にお札の向きをそろえることで邪気を祓い、金運を上げていきましょう。

POINT

お金を渡す相手への心遣いが邪気を跳ね返す

お金の邪気祓い5

金運には上向きお札、財運には逆さ向きお札

こんな人にオススメ

◇ お金だけでなく、
土地などの財産もほしい
◇ お金の流れが悪いと感じる

財布の中のお札の向きにも意味はあります。まず、**お札を上向きに入れる場合は金運が上がります。**お札にしてみればすぐに飛び出せる体制が整っているわけですから、出入りが頻繁になります。「出て行っちゃうの？」と思われるかもしれませんが、お金の流れを良くすることは邪気が入るスキをなくすこと。出ていったお金は、再び仲間を連れてきてくれるので安心して使いましょう。一方、**上下逆さに入れると財運がアップします。財運というのは、お金以外にも資産や財産などに恵まれる運。**中国の「倒福」をご存知ですか？　よく中華料理店などで「福」の字が上下逆さに飾られていますよね。中華圏では、旧正月にこの倒福を飾る習慣があります。「福」は「福気・福運」という意味。「倒」と「到」の発音が同じことから、「福」の字を逆さに貼ることで「倒福（福が逆さ）」＝「到福（福が到《いた》る）」という意味を表しています。お札の向きを意識することで邪気を退け、自分が欲しい運気をコントロールしましょう。

POINT

お札を上下逆さにすれば、財産が飛び込んでくる

お金の邪気祓い6

財布には邪気ではなく“種銭”を入れよう

こんな人にオススメ

◇ 一生懸命働いても
なかなかお金が貯まらない
◇ なぜか最近、出費が激しい

真面目に働いてもお金が貯まらない人もいれば、あくせく働かなくても優雅に暮らせる人もいますね。その秘密はお金の性格にあります。邪気と同じように、お金も仲間が大好き。あるところには自然に集まり、ないところには近寄りません。お金が入っていない財布の中では「お金がない」というネガティブな気持ちが邪気となって、住みつくようになります。それを阻止するためには財布の中に〝種銭〟を入れておくのがオススメ。種銭とは文字通りお金を呼び寄せる種のことで、**お札に印刷された「記番号」と呼ばれる通し番号の末尾がX・Y・Zと、5もしくは9の組み合わせの1万円札のこと。**5には寂しがり屋で仲間を集めるという意味が、9には宇宙につながる最大・最強という意味があります。ちなみに**種銭の中でも最もパワーがあるとされているのがZと9の組み合わせ。**種銭を見つけたら、上下逆さにして財布に入れておきましょう。これから1万円札を見るのが楽しみになりますよ。

POINT

お金をおろしたら幸運のX・Y・Z、5・9を探そう

お金の邪気祓い7

邪気を寄せつけない真の開運財布とは?

こんな人にオススメ

◇財布がボロボロになっている
◇占いを参考に財布を買い替えても
一向に金運が上がらない

お金の邪気祓いをする上で特に意識したいのが財布です。

「ゴールドの財布を持つと金運がアップする」

「長財布を使うとお金が貯まりやすい」

など、ちまたでは財布にまつわるさまざまな金運アップ術があふれています。しかし「結局どれが本当なの？」と迷う人や、「当てはまる財布を使っていても金運がちっとも上がらない」という人もいるのではないでしょうか？

邪気祓いの観点から言うと、**実はサイズや色、形などはあまり意識しなくてもOKです。**というのも私は仕事上、普段からお金持ちの方々と接する機会が多いのですが、彼らの財布に共通点は見つかりません。そもそも本当のお金持ちは現金をあまり使わないため、財布を持っていないという人も珍しくないのです。

では、邪気をためず、お金が貯まる財布とは一体どのようなものでしょうか？　大きくわけて2つのポイントがあります。

まず一つ目は、**見るたびにときめくデザインのものを選ぶこと。**黄色が嫌いなのに、風水でいいと聞いたからといって黄色の財布を使ったり、大きい財布は使いにくいと感じているのに、無理をして長財布を使ったりしていても、金運がアップすることはありません。

財布を使うたび、無意識のうちに「このデザイン、好きじゃないな」「使いづらいな」というネガティブな気を財布に送ってしまうのです。そうなると財布、ひいてはその主であるお金に対して「好きじゃない」という気持ちが伝わってしまい、邪気がたまってお金が近寄らなくなるのです。

もちろん、風水やラッキーカラーなどを信じることが悪いわけではありません。使っていて「運気が上がりそう！」とポジティブな気持ちになれる財布であれば大丈夫。大切なのはその財布を使って、心がときめくかどうか。常に素敵だなと思える財布であれば、幸せな気持ちが財布に入り、邪気も寄りつかなくなるでしょう。

もう一つのポイントは財布の扱い方について。これを間違えると、たとえお気に入りの財布を手に入れたとしても、時間が経つにつれてどんどん邪気がたまってしまいます。大切なのは、定期的にお手入れをすること。というのも**財布はお金にとっての家だからです。その家が汚れて居心地が悪ければ、お金が入ってこなくなるのはもち**

ろん、邪気が我がもの顔で財布の中に居座り始めます。

特に革製品など使い込むほどに味が出るものは、長く使える反面、きちんと手入れをしないと手垢などの汚れに交じって邪気も蓄積されていきます。汚れ落とし用のクリームで磨く、保湿オイルを塗り込むなど、心を込めて手入れをすることで邪気を祓いましょう。

POINT

あなたをときめかせる財布が最強！

お金の邪気祓い8

お金持ちの選ぶ財布に邪気は近寄れない

こんな人にオススメ

◇ しっくりくる財布に出会えない
◇ いろいろな財布を使ってみたが
金運が全然上がらない

ここでは財布を買い替える際の時期やポイントについてお伝えします。1年ごと、2年おきなど、さまざまな説がありますが、これも邪気祓いの観点から言うと、それほど重要ではありません。「ちょっとくたびれてきたな」と思っても、まだまだ使いたいと感じるなら、使い続けてOKのサイン。反対に「そろそろ買い替えたいな」と思ったときが買い替えどきです。新しい財布を購入する際、金運を上げる裏ワザがあります。それはお金持ちの知り合いに財布を選んでもらうこと。外出するたびに持ち歩く財布は、持ち主の「気」の影響をダイレクトに受けるアイテムです。たとえ毎年買い替えていたとしても、持ち主がネガティブな気を発していれば、すぐに邪気がたまってしまいます。そこで、**金運の強い人に選んでもらうことで、金運をお裾分けしてもらい、邪気が入りにくい状態をつくるのです**。ただし、せっかく選んでもらっても、気に入らなければ逆効果ですから、事前に好みや希望を伝えるようにしましょう。

POINT

お金持ちパワーで財布に金運をチャージ

お金の邪気祓い9

財布を買ったらATMへ！大金バリアで邪気祓い

こんな人にオススメ

◇ 財布に1万円以上のお金を入れていると落ち着かない
◇ 財布の中の所持金を把握できていない

新しい財布を買ったら、なるべくたくさんのお札を入れて、しばらく寝かせておきましょう。そうすることでお金がたくさん入っている状態を財布が記憶し、「常にこれくらい入れておきたい」と思うようになるのです。**お金でいっぱいの財布には邪気が入り込む隙間がありませんから、邪気祓いになると同時に、金運もアップします。**

入れる金額は、自分が持ったときにドキドキするくらいを目安にしましょう。普段1万円程度を入れている人なら10万円、5万円程度を入れている人なら20万円など、通常では入れないくらいのまとまった金額が効果的です。もしすぐにまとまったお金を用意できないようであれば、一番外側だけ1万円札にし、残りは千円札でも大丈夫。お金で満たされていることに変わりはないので、同様の効果が得られます。大切なのは、たっぷりと紙幣が入っている感覚を財布に刷り込ませること。そうすることで、お金が自然に入ってくる財布をつくりましょう。

POINT

自分が欲しい額を入れて、財布に記憶させよう

お金の邪気祓い10

NEW財布の使い始めは邪気を退ける最強吉日

こんな人にオススメ

◇ 財布をよく落とす
◇ ひったくりやスリなどに遭ったことがある

新しい財布を使い始めるなら開運日がベスト。開運日とは新しいことを始めるのに最適な日で、すべての邪気を退ける吉日のことです。いくつか種類がありますが、その中でも**最高の開運日とされているのが「一粒万倍日《いちりゅうまんばいび》」と「天赦日《てんしゃにち》」です。**

一粒万倍日とは、一粒の「もみ」が万倍にも実る稲穂になるという意味の日。何を始めるにも良い日とされていますが、特に**開業や口座の開設などをするのに吉日とされています。**また、天赦日は「百神が天に昇り、天が万物の罪を赦《ゆる》す最上の大吉日」とされ、**結婚、引越し、財布の新調などに最適な日。**前述の財布にお札を入れて寝かせる場合は、開運日から逆算して1週間程度前から始めるといいでしょう。ほかにも「寅の日」「巳の日」もオススメです。開運日についてはインターネットで検索することもできますし、2019年版は私のブログに記載しています。ぜひチェックしてみてください（159ページ参照）。

POINT

開運日に財布をおろし、お金持ちになる準備万端！

お金の邪気祓い11

財布だって休みたい！休息ベッドをつくろう

こんな人にオススメ

◇ 財布はいつも鞄の中に入れっ放し
◇ 財布の定位置がなく、出かける前にいつも探している毎日、持ち主と同じ時間だけ外出している財布。持ち歩くだけでなく、一日に何度も出し入れするため、私たちにとって最も身近なアイテムのひとつと言えます。その分、良くも悪くも私たちの「気」の影響を受けやすい存在でもあります。デートやショッピングなど、楽しい時間を過ごした日は財布にも良い気が入る一方、残業で疲れた日や嫌なことがあって悲しい気持ちになった日は邪気がたまってしまうのです。そこで、日々私たちに寄り添ってくれる財布に、家にいるときくらいはゆっくり休める「ベッド」を提供してあげましょう。そうすることで**財布にたまった邪気をデトックスすることができます。ポイントはなるべく静かで落ち着ける場所を選ぶこと。**鞄の中に入れっ放しにするのではなく、必ず定位置を決めます。お財布のベッドと言うと、なんだか仰々しいですが、お気に入りの箱に入れたり布で包んであげたりするだけでも十分なので、財布が安心して休めるような空間を設けましょう。

POINT

財布は自分の分身! 安眠でエネルギーチャージ

お金の邪気祓い12

財布には月に1回、月光浴をさせましょう

こんな人にオススメ

◇ 財布がボロボロになっている
◇ 財布の中がレシートなど
いらないものでいっぱい

購入当初はエネルギーの高かった財布も、使い込むにつれて次第にエネルギーが弱まり、邪気もたまりやすくなります。毎晩ベッドで休ませる以外に、定期的に財布にたまった邪気を月の光で浄化しましょう。浄化の際は満月の日を選びます。というのも、満月にはすべてのものをデトックスして、エネルギーを復活させるチカラがあるからです。用意するものは財布がのる大きさのお皿と塩。満月の夜にお皿に大さじ一杯の塩をのせ、その上に財布を置いてください。**満月のエネルギーと塩の効果によって、財布にたまった邪気が取り除かれ、本来持っているエネルギーを取り戻すことができます**。

もし晴れていたら窓辺などで月光浴させるとより効果的ですが、雲などで月が隠れていても大丈夫。月のエネルギーは強力なので、姿が見えていなくてもちゃんと届いています。月光浴をさせる際は、財布の中の不要なポイントカードやレシートを捨てるなど、中身のデトックスも同時に行いましょう。

POINT

月に一度の〝邪気祓いナイト〟を逃さないで

Column 2

15日ごとのお祓いタイム

月のお作法

月齢と女性の体の周期が同じなど、昔から月と人には神秘的なつながりがあります。特に新月・満月はエネルギーが強く、影響力のある日。それぞれの意味を知ることで、月のエネルギーを邪気祓いに活用しましょう。

すべては新月から始めよう

新月は月の満ち欠けがひと周りして、新たな月がスタートする「始まりの日」を意味します。新しく始まるということは、それだけ月のエネルギーも高いということ。そのため、「願い事をする」「新しいものを買う」「起業をする」「口座を開く」といった、何かをスタートする日に最適です。

願い事をする際は、ノートに具体的に書き出しましょう。「素敵な彼氏ができました。ありがとうございます」など、その願いがすでに叶った状態をイメージしながら、感謝の気持ちを込めて書くとより効果的です。

満月	新月
デトックス	スタート
浄化する	願い事をする
断捨離する	新しいものを買う
掃除する	起業する
手放す	口座を開く

満月は最高のデトックスデー

満月は「手放す」「捨てる」「浄化する」などに最適な日です。断捨離や掃除なども、満月の日ならいつもより思い切り、清々しい気持ちで行えるはずです。「普段から、なかなかものが捨てられない」という人は、満月の日にチャレンジするといいでしょう。

また満月はデトックス効果が最大になる日。財布やパワーストーンなどに満月の光を当てることで、中にたまった邪気を浄化し、新たなエネルギーが注ぎ込めます。一方で手放すチカラが強い満月は、願い事をするには不向きです。次の新月まで待ちましょう。

3章

心と体の不調、邪気のせいじゃないですか?

心と体の調子が出ないとき……それは邪気の仕業かも。日頃の言動や習慣を見直し、邪気知らずの健康体質を目指しましょう。

心と体に潜む邪気

ストイック邪気

特徴：頑張りすぎる心と体に住みつく

マンネリ邪気

特徴：自分や日常生活への慣れに潜む

ことば邪気

特徴：ネガティブ発言を栄養にして育つ

など

「ありがとう」は不調も祓う魔法の言葉

こんなに人にオススメ

◇ 自分の体が嫌いだ

◇ 頭痛や腹痛、肩こりなど、
常に体の不調を感じる

痛みや不調は、体からのメッセージです。**体は痛みを発することで、邪気がたまっている場所を教えてくれているのです。**その声を無視し続ければ、薬などで一時的な症状は抑えられたとしても、邪気は増幅していきます。不調を感じる部分があれば、さすりながら「ありがとう」と声をかけましょう。飲みすぎた次の日など、肝臓の調子が悪いと感じたら「無理をさせてごめんね。いつもありがとう」と言いながら肝臓のあるあたりをさするのです。そうすると邪気が祓われ、臓器が持つ本来の力が活性化していきます。私たちは24時間、自分の体を酷使しているのにもかかわらず、体に感謝することはほとんどありませんよね。放っておくと体にどんどん疲れ、すなわち邪気がたまり、深刻な場合は大病につながるケースもあります。入浴中や就寝前など、体をいたわる気持ちで優しくさすりましょう。マッサージクリームやオイルなどを使えば、よりリラックス気分が高まり、邪気祓いにも効果的です。

POINT

痛みは体からのメッセージ！感謝の心で応えよう

女性の敵「冷え」も邪気 赤いアイテムで対策を

こんなんにオススメ

◇ いつも足先や指先が冷たい
◇ 冬でも冷たい飲み物を飲む
◇ お洒落のためなら薄着もガマン

体にまつわる邪気というと、ケガや病気をイメージされるかもしれませんが、それだけではありません。「冷え」も私たちの「気」を弱めるとても危険な邪気です。昔から「冷えは万病のもと」と言いますよね。体質だからと諦めて放っておくと、冷えがさまざまな邪気を体の中に連れてきてしまいます。

チャクラという言葉を聞いたことがありますか？　ヨガや瞑想をしたことがある人にはなじみ深い言葉だと思います。チャクラはサンスクリット語で「車輪」を意味し、人間の生命のはたらきをコントロールする重要なエネルギーの出入り口を指します。人体の頭部、胸部、腹部などにあるとされ、それぞれを象徴する色があります。**腹部のチャクラは赤やオレンジ。この色の下着を身につけると、チャクラが正常に働くことで邪気を放出し、良い気を取り込めるようになります**。特に女性は冷え性の人が多いので、赤やオレンジの温かい下着でチャクラの力を高めましょう。

POINT

VS邪気の勝負下着は赤とオレンジで決まり！

心と体の邪気祓い3

旬食材はパワーフード
体の邪気をデトックス

こんな人にオススメ

◇ 食事に気を遣わない
◇ 好き嫌いが激しい
◇ ジャンクフードが大好き

体に邪気をため込まないために、毎日気軽にできる邪気祓いがあります。それは食事。**旬の食べ物には良い気を取り込み、体内にたまった邪気を排出するデトックス効果があります。**旬というのはその食材の一番栄養価が高く、おいしい時期のことですから、当然、良い気やエネルギーにあふれているわけです。

【春】菜の花、タケノコ、キャベツ、アスパラガス、イチゴ、カツオなど
【夏】カボチャ、キュウリ、トマト、ナス、ウメ、スイカ、ウナギなど
【秋】サツマイモ、ニンジン、栗、カキ、サンマ、アジなど
【冬】白菜、大根、ネギ、ホウレン草、ミカン、リンゴ、ブリなど

今の時代、ハウス栽培や輸入などで旬に関係なく年中さまざまな食材が手に入りますが、旬のものと比べると、やはり栄養価もエネルギーも低くなります。体の内側から邪気を跳ね返すためにも、できるだけ旬の食材を意識した食事を心がけましょう。

POINT
栄養価もエネルギーも高い、旬の食材で邪気を撃退

心と体の邪気祓い4

「気分がのらない」は体からのサイン

こんな人にオススメ

◇ 飲み会など、誘われたら断れない
◇ たとえ体調が悪くても学校や会社を休まない主義

朝起きたとき、わけもなく気分が重苦しく、どうしようもなくやる気がでないことは誰にでもあると思います。それは体からのサインです。邪気のたまった体が限界を感じている証拠なので、休息しましょう。日本人は勤勉である一方、休むことがとても苦手です。休むことをまるで悪だと思っている人も多いようですが、休息はエネルギーチャージのための必要な時間。心や体は自分が意識しているよりずっと敏感なので、その声を無視しないようにしてください。**もし無視してしまうと、解消できない疲れや不調がさらに邪気となって体内にたまり、どこかでダウンしてしまいます。**これといった理由がないのに気が向かないときこそ、しっかり体を休ませることが大切です。

反対に「苦手な人に会いたくない」「面倒な仕事をしたくない」など、気分がのらない理由が明確にある場合は別です。イヤなことから逃げていても解決しないので、ちゃんと自分と向き合ってみましょう。

POINT

邪気警報を受け取ったら無理せず休もう

心と体の邪気祓い5

心のモヤモヤ感は邪気と対話して解消

こんな人にオススメ

◇ 理由もなく悲しくなることがある

◇ 上手くいかないことを
環境や人のせいにしがち

休んでも気が晴れないときは、心のどこかに邪気が潜んでいる証。でも、自分では何が原因で邪気がいるのかわからない状況だと思います。そんなときに効果的な邪気祓いが、感じるままに紙に想いを書き出すこと。**心を沈ませている邪気と対話をしながら、浮かんできたことを紙に書いて客観視しましょう。**自分が思っていることに対し、現実は本当にそうか、自分にも原因はないのかを探るのです。「会社に行きたくない」「なぜ？」「嫌いな上司がいるから」「どうして嫌い？」「自分を認めてくれないから」「本当にそう？」「自分の同僚ばかり褒める」「それはなぜ？」「同僚のほうが営業成績が良いから」「なぜ良いの？」「私よりも頑張っているから」など気が済むまで延々と書き出します。すると、心の奥にある思い込みが浮き彫りになり、状況がよく見えてきます。その結果、モヤモヤの原因を認識できればＯＫ。具体的な行動に移せるため、霧が晴れるように邪気がスーッと消えていくでしょう。

POINT

話せばわかる！　納得できるまで邪気と向き合おう

心と体の邪気祓い6

いつもの場所、人、行動 マンネリは邪気の巣窟

こんな人にオススメ

◇ 正直、日常生活に飽きてきた
◇ 新しいことを始めるのが苦手
◇ 毎日、同じことばかりしている

何をやってもうまくいかない、気分が上がらないというときは邪気を生み出している可能性があります。そういうときは思い切って生活習慣を変えることで、邪気を祓いましょう。私たちの生活には、気づかないうちにパターン化されていることがたくさんあります。毎日歩く道、毎週会っている友達、いつも寄るお店など。こうした**マンネリ化は「気」の停滞につながります。停滞=邪気が滞って動かない状態のこと。**そうなったら、積極的に動くことで変化を起こすしかありません。「駅までいつもと違う道を歩く」「前から気になっていた習い事を始める」「朝6時に起きるようにする」など、ちょっとした変化で良いのです。いつもと違うことをすれば、何かしら新たな気づきや発見が生まれます。行動の変化が心の変化につながり、停滞していたネガティブな気を解消することにつながるのです。日常の中で邪気の気配を感じたら、マンネリから脱出することを考えましょう。

POINT

邪気はマンネリが大好き。停滞を感じたら迷わず動こう

心と体の邪気祓い7

邪気を宿す髪を切り、不調・不運をリリース

こんな人にオススメ

◇ 半年以上、美容院に行っていない
◇ 失恋やリストラなど、最近ショックな出来事があった

体の中で特に邪気がたまりやすいのが髪。日本では古来より、髪は同じ発音の「神」に通じるものと考えられ、生命力の象徴やその人の魂が宿るものとされてきました。みなさんもホラー映画の呪いをかけるシーンや、霊的な儀式を行う場面などで、人の髪の毛が使われているのを見たことがあると思います。日常生活の中でも「失恋をすると髪を切る」と言いますよね。これは単に気分を変えられるだけでなく、**髪にたまっていた邪気を切り落とすことができる点でも効果的です。**ネガティブな気がたまった髪を切り落とせば、また新しい自分に生まれ変わることができます。とは言え、必ずしも長い髪をバッサリ切る必要はありません。少し毛先をそろえる、カラーリングやパーマなどでイメージチェンジをする場合でも効果は期待できます。美容院で整えてもらった後は、毎日のお手入れも忘れずに。艶やかな髪には邪気を跳ね返すチカラがあるので、トリートメントなどでしっかりケアしましょう。

POINT

髪を切ることで、邪気との縁も断ち切ろう

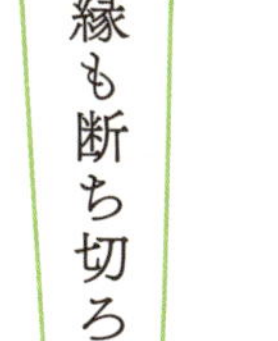

自分を見限る気持ちは心にとって最大の邪気

こんな人にオススメ

◇ ここ数年、メイクを変えていない
◇ 同じような服ばかり着ている
◇ 自分の容姿が好きじゃない

髪を切ることに限らず、**見た目に変化をもたらすことは邪気祓いにつながります。**たとえばファッションやメイク。似たようなテイスト、ずっと同じパターンになっていませんか？　外見磨きを怠るのは、自分自身に飽きている証拠です。「どうせ私がおしゃれをしても」「メイクを頑張ったところで変わらない」「もうオバサンだし」など、どこかで諦めて自分をほったらかしにするのはNG。鏡を見るたびにそうした気持ちを発していれば、邪気が生まれて心が次第に弱ってしまいます。

特に自分に自信が持てない、自分の容姿が好きになれないという人は、外見を変えることで邪気を祓いましょう。ヒールの靴を履いてみる、いつもと違う色のアイシャドーを塗ってみるなど、ささやかなことでOK。ヒールを履けば、普段と見える景色が変わるだけでなく、自分の心にも変化が起こります。ちょっとした変化によって心を明るくし、ネガティブな感情を追い出しましょう。

POINT

自分磨きは心の邪気祓い。年齢に関係なく磨き続けよう

心と体の邪気祓い9

ブランドという鎧は邪気の絶好の隠れみの

こんな人にオススメ

◇ ブランド品に目がない
◇ ものを買うときは品質よりもメーカーやブランドを優先する

邪気が顕著に表れるのが、日頃の消費行動。**ついついい買いすぎてしまうものには心に住みつく邪気が影響しています。**ブランド品もそのひとつ。もちろん、純粋に好きで選んだものなら問題ありませんが「人から羨ましがられたい」などの理由で購入している人は要注意。そういう人にとってのブランドは鎧です。「自分に自信がない」「私には価値がない」という心が生み出す邪気を、高価なブランド品で包み隠そうとしているのです。試しにブランド品をひとつも身につけずに外出してみてください。いつもより不安を感じませんか？　鎧を身にまとうことで一時的な安心感は得られるかもしれませんが、ブランドに頼っている限り、ネガティブな感情がなくなることはありません。そうした邪気を祓うには一度ブランド品をしまってみましょう。値段やブランドに関係なく、本当に好きなものだけを身につければ、「私は今、自分で選んだ好きなものを着ている」という自己肯定感が生まれ、邪気を祓えます。

POINT

邪気祓いには高価なものより好きなもの！

心と体の邪気祓い10

自ら呪いをかける“三大邪気言葉”に注意

こんな人にオススメ

◇ 自分に自信がない
◇ 何ごとも人のせいにしがち
◇ つい言いわけしてしまう

行動はもちろん、普段何気なく発している言葉にも邪気は潜んでいます。

「どうせ私なんか〜」「〇〇のせいだ」「〇〇できない、〇〇がない」。

この〝三大邪気言葉〟に心当たりがある人は、言葉による邪気を生み出すことで、自分自身に暗示をかけています。自分を卑下したり他人のせいにしたりするほか、**打消しの言葉を使うことで、自分の行動に制限をかけているのです。**

もしこのような邪気言葉を言いそうになったら、「どうせ私なんか……うまくいくし！」「彼のせいで……毎日ハッピー！」「時間がない……けどなんとかなるよね！」など、前向きな言葉で締めくくるように意識してみてください。「そんなことくらいで」と思われるかもしれませんが、言い方をちょっと変えるだけで効果てきめん。実際にやってみると心が明るくなるのがわかります。邪気言葉によって自分に呪いをかけそうになったら、ぜひ試してみてください。

POINT

邪気言葉を言いそうになったら語尾で挽回！

Column 3

邪気を祓い幸運を招く

宇宙の法則

世の中の人やものは、すべて「宇宙の法則」に従って動いています。「引き寄せの法則」としても知られていますが、この仕組みを理解することで、上手に邪気を祓い、望んでいるものや状況を手に入れましょう。

自らの「ない」が邪気を生む

「宇宙の法則」とは、今自分が発している「波動（気）」と同じ波動を持った人・もの・ことが集まってくる法則のことです。たとえば「お金が貯まらない」と思っている人のところには、「お金がない」という状況がどんどん引き寄せられますし、「幸せじゃない」と思っている人のもとには、辛いこと、悲しいことが近寄ってきます。

つまり「何かがない」「不足している」という思いや言葉を発している限り、自ら邪気を生み出し、引き寄せ続けることになってしまうのです。

あるものに感謝しよう

では、宇宙の法則をうまく活用するためには、どうすればいいのでしょうか? まずは「ない」を意識するのではなく、「ある」ものに目を向けていくことが大切です。理想通りの状況ではなくても「ご飯を食べるお金はある」「相談にのってくれる友達がいる」など、自分が手にしているものに感謝をするのです。そうすると「持っている」「満たされている」という前向きな気持ちが邪気を祓い、さらなる豊かさを連れてきてくれます。

欲しいものや状況を引き寄せたいなら、邪気ではなく良い気を発しましょう。

4章

うまくいかない人間関係に邪気の影？

人間関係の邪気を祓えれば、より充実した恋や友情が手に入ります。〝邪気トモ〟との縁を切り、新たな出会いを招き入れましょう。

恋や友情に潜む邪気

振り回され邪気

特徴：自己肯定感の低い心に住みつく

依存邪気

特徴：自立できない心が大好き

愚痴大好き邪気

特徴：愚痴り合う友情により育まれる

など

人間関係の邪気祓い1

ストップ！自己否定 24時間自分を褒めよう

こんな人にオススメ

◇ 自分に自信が持てない

◇ 怒られたらいつまでも引きずる

◇ すぐに自分を責めがち

人と良好な関係を築くためには、まずは自分自身を愛することが不可欠です。特に恋愛で「どうでもいい人にばかり好かれてしまう」という人は要注意。**自己肯定感が低いことで、邪気が生まれ「ダメな自分」に合う相手を自ら引き寄せている可能性があります。**そんなときに効果的なのが、24時間自分を褒める邪気祓いです。「トイレ掃除をしている私ってすごい」「ごはんをおいしそうに食べている私、かわいい」など、今行っていることを褒め続けましょう。というのも意識してみると、私たちは24時間自分のあら探しをしては、自分で自分をけなしていることがあります。そうしたネガティブな想い癖があると、邪気によってまた同じような状況を引き寄せてしまいます。「また上司に怒られた」という思いが、さらに怒られるような状況へと導くのです。怒られても「私はなんてダメなんだろう」ではなく、「素直に反省している私ってエライ！」など、考え方を変えて自己否定モードに入るのを防ぎましょう。

POINT

自分を愛せないと、邪気に愛されてしまう

人間関係の邪気祓い2

自分時間を充実させて“邪気愛”を止めよう

こんなにオススメ

- ◇恋愛すると周りが見えなくなる
- ◇恋人からよく「重い」と言われる
- ◇これといった趣味がない

恋人ができると、友情も仕事もそっちのけになってしまうことはありませんか？四六時中、相手のことばかり考えすぎてしまうのは邪気の仕業です。その想いは執着として、次第に相手を束縛するようになります。負担を感じた相手は、最悪の場合、去ってしまうでしょう。「こんなに好きなのにどうして？」と思うかもしれませんが、相手に「うざい」「重い」「面倒くさい」などと思われていたら、それは愛ではなく〝邪気愛〟の証です。こうした恋愛をしてしまいがちな人は、**恋愛が始まったら同時に何か新しいことを始めるようにしましょう**。恋愛に夢中になりすぎるのは、自分と向き合っていないから。習い事や趣味など、楽しいと思えるものを探すことで、恋愛に向かっている邪気を発散させるのです。没頭できるものが見つからないという人は、カフェに行く、映画を観るなど、小さな「好き」から始めてください。自分を大切にする時間を育むことで、二人の間の邪気を消し去りましょう。

POINT

うざい！重い！と思われたら邪気を送っている証拠

人間関係の邪気祓い3

恋愛の邪気祓いワード、「あなたが好きだから」

こんな人にオススメ

◇ パートナーとよく言い争いになる

◇ パートナーとけんかをした際、自分から絶対に謝らない心ではパートナーと良好な関係を築きたいと思っていても、相手を前にするとつい不満をぶつけたり、けんか腰になってしまうことってありますよね。夫婦や恋人同士など、親密な関係の間では「相手に負けたくない」「もっと尊重してほしい」という思いが邪気となり、二人の仲を裂こうとします。そんなときは、相手と本音で話すことが大切。本音と言うと、たまっていた不満をすべてぶつけることだと思っている人も多いのですが、そうではありません。**本音とは不満や怒りよりも、もっと心の奥底にあるもの。それは「好き」という気持ちです。**「好きだからもっと愛してほしい」「好きだからもっと理解してほしい」という気持ちが不満や怒りにつながっているのです。「あなたが好きだからこそ伝えたい」という一言があるだけで、相手の気持ちは180度変わります。この邪気祓いワードを発しながら自分から心を開いていけば、邪気は鎮まり二人の絆もさらに深まっていくでしょう。

POINT

本音が邪気を遠ざける！　素直に話そう

人間関係の邪気祓い4

自分を疑う邪気が浮気心を呼び寄せる

こんな人にオススメ

◇ 浮気や不倫をされることが多い
◇ パートナーのことを疑い、束縛してしまいがちワイドショーでは、常に有名人の不倫や浮気が取り上げられていますよね。言うまでもなく浮気は悪いことです。本来なら誰だって好きな人のことを浮気なんかで悲しませたくないと思うはずです。それなのに、なぜ人は浮気をしてしまうのでしょうか？

邪気祓いの観点から言うと、浮気をされた側にも原因の一端がある場合があります。

こんな言葉を発したり、思ったりしたことはありませんか？

「どうせ私のことなんか、どうでもいいんでしょ」

「どうせ私なんて、誰からも愛されない」

自分を卑下すると相手のことも信じられなくなります。その気持ちが邪気となり、実際に相手がそういう行動を起こすように仕向けてしまうのです。「言霊」という言葉がありますが、まさに言葉には魂や邪気が宿ります。何気なくぼやいた言葉がそうした現実を招くことを心にとめ、常に自分と相手を信じる気持ちを忘れないようにしましょう。

POINT

自分を信じる気持ちが一番の〝浮気祓い〟

人間関係の邪気祓い5

「私がいないと」は邪気が招く依存関係

こんな人にオススメ

◇ いつもダメンズとばかりつき合ってしまう
◇ 相手の世話を焼きたがる

ダメンズとつき合っている人に限って「この人は私がいないとダメだから」と、周囲から反対されても聞く耳を持たず、相手から離れようとしないケースが多いですよね。しかし、本当にそうでしょうか？　実際には、「私がいないとダメ」＝「私がいないと生きていけない状況」にしてしまっているケースがほとんどです。それは**相手の存在により、自分の存在価値を高めようとする依存関係。立派な〝邪気愛〟です**。深刻な場合はＤＶに発展する危険があるので、早い段階で自覚することが大事。何でも許したり、世話をしたりする行為は献身的に尽くしているようで、実際には相手から自立するチャンスを奪い、どんどんダメにしているのです。つき合う相手が変わった途端、人が変わったように見違える人がいますが、それは二人の間にあった邪気から解放された証拠。相手に邪気愛を送っていないか、または受け取っていないか注意しましょう。もし心当たりがあれば、自分の心と向き合うことが重要です。

POINT

パートナーは自分の鏡。二人の間にあるのは愛？邪気愛？

人間関係の邪気祓い6

“邪気トモ”とは距離を置こう

こんなに人にオススメ

◇ 困っている友達を見ると放っておけない
◇ 頼まれると断れない性格

あなたの周りに、愚痴っぽい人、不安ばかり口にしている人はいませんか？「相談にのってほしい」と言われれば、なかなか断れませんよね。しかし、いざ会ってみると仕事や恋愛の愚痴のオンパレード。こちらが真剣に聞いてアドバイスをしても、一向に行動に移す気配がなく、しばらくするとまた同じような愚痴を聞かされてしまいます。心では「また同じことを繰り返している」と思っていても、長いつき合いの友達だと冷たく突き放せない気持ちもわかります。しかし、こうした友達はあなたにとって〝邪気トモ〟以外の何者でもありません。その人に会ったあと、**どっと疲れる、気分がすぐれなくなるなどの症状があれば〝邪気トモ〟で間違いないです**。本当の友達であれば、会うたびに心が疲れるわけがありませんから。無理をして会うくらいなら、迷わず縁を切って大丈夫。自分が会う相手は自分で選んでいいのです。断る勇気を持つことで、不要な邪気をもらわないようにしましょう。

POINT

会うたびに憂うつになるなら、邪気トモに認定

人間関係の邪気祓い7

いい人は要注意
我慢することも邪気

こんな人にオススメ

- ◇ 思っていることを口に出せない
- ◇ 人からどう思われるか気になる
- ◇ 自分より他人の希望を優先する

みなさんは今、「同僚の頼みを断れない」「彼のわがままを許してしまう」など、我慢しながら行っていることはありませんか？　実は我慢も邪気の一種。特に我慢強い人ほど、自分が我慢していることに気づきにくいので注意が必要です。

自分の気持ちを抑え込んで生きることは、相手を尊重しているようで実は相手に媚びている可能性があります。人が我慢してしまうほとんどの理由は、相手に嫌われたくないから。「いい人」でいたいと思うあまり、相手に媚びて自分の気持ちを押し殺しているのです。我慢し続けていると、どんどん自分に自信が持てなくなり、いつしか邪気がたまっていくという負のループにはまっていきます。たとえ相手が家族や親友であっても、自分よりも相手を尊重しすぎる必要はありません。まずは自分がどうしたいのか、何を望んでいるのか、その声に耳を傾けてください。周りの人に気を遣いすぎて、自分の人生を邪気に支配されないようにしましょう。

POINT

自分のことを尊重する気持ちが邪気祓いになる

人間関係の邪気祓い8

過剰な幸せアピールは虚栄心という名の邪気

こんな人にオススメ

◇ 毎日SNSを更新している
◇ スマホで撮影した写真は最大限美しく加工する

インターネットを通じて誰でも気軽に発信できる今、自分の趣味やライフスタイルをブログやＳＮＳにアップしている人も多いと思います。純粋に自分が好きなことをシェアしたいという気持ちから行うのであれば問題ありませんが、「自分をより良く見せたい」「幸せアピールをしなきゃ」といった**ドロドロとした虚栄心から行うのであればＮＧ。現実以上に良く見せようとすれば、必ず無理が生じて邪気が生まれます。**すると次第に苦しくなり、どんなにきらびやかな日常をアップしていても「なんだか大変そう」「似合わない」など、見ている人にも邪気が伝わってしまうのです。

ＳＮＳやブログでは、等身大の自分を発信することが大切。少しでも「疲れたな」と感じたら無理をしている証拠です。自分を見つめるいい機会ととらえて、一度自分自身と向き合う時間をつくりましょう。そこからまた、気持ちを新たに再開すればいいのです。

POINT

無理に「リア充」自慢をすれば、邪気が寄ってくる

◆◆◆

人間関係の邪気祓い9

“運トモ”からもらう良い気で邪気を撃退

こんな人にオススメ

◇ 愚痴を言い合う邪気トモがいる

◇ 自分より幸せそうな人は友達にしたくない

いつも笑顔で幸せそうな人、ライフスタイルが素敵で思わず憧れるような人っていますよね。そういう人とは、意識的に仲良くするようにしてください。〝邪気トモ〟とは対照的に、こうした良いオーラをまとった人は〝運トモ〟です。「自分よりもキラキラしていて、幸せそうな人と一緒にいるのは気が引ける」と感じているなら、それこそ邪気の思うツボ。邪気は仲間が大好きですから、今のあなたと同じレベルで不満や不安を抱いている人をどんどん連れてきます。ネガティブな人と愚痴を言い合っている限り、傷つかないし気ラクでしょう。しかし、それではいつまでたってもその状況から抜け出せません。**こうなりたいと思える相手がいるのは「私だって頑張れば」と思っている証。ぜひ一緒にいることで運気をわけてもらってください。**相手が身近な人ではなく、有名人ならライブや講演会に行くのもオススメ。同じ空気を吸って運気のお裾分けをしてもらうことで、邪気祓いになります。

POINT

同じ空気を吸うことで、相手の良い気も吸おう

人間関係の邪気祓い10

卵オーラ法で邪気から身を守ろう

こんな人にオススメ

◇ 人混みに行くといつも気分が悪くなる

◇ 邪気トモがいる

嫌いな人、邪気を感じる人には会わないのが一番。しかし職場やご近所など、どうしても避けられない相手もいますよね。そんなときにオススメなのが「卵オーラ法」。**〝邪気トモ〟に会うとき以外にも、人混みに行くときの邪気予防にも効果的です。**

〈卵オーラ法のやり方〉

① ゆっくりと深呼吸し、両腕を肩の高さに上げて広げる。

② 指先をまっすぐそろえた両腕を、頭の上に持ってくる。

③ 体を卵型に包み込むイメージで、両手を頭の上からつま先までおろす。

④ ③を上下に数回繰り返す。

出かける前や朝起きてすぐに行えば効果は抜群。卵オーラの中は邪気を寄せつけない高いエネルギーで満たされているため、一日中、どんなシチュエーションでも邪気を恐れずに過ごせるはず。結界を張るようなイメージで行いましょう。

POINT

朝1分でつくれる結界で邪気知らずの一日を

人間関係の邪気祓い11

いらない縁を断ち切る断捨離ワーク

こんな人にオススメ

◇ 元恋人との縁が切れない

◇ いつも連絡をしてくる
邪気トモがいる

苦手な友達や、ダラダラと続いている恋人との縁がなかなか切れずに困っている人は、「人間関係の断捨離ワーク」を行いましょう。

〈人間関係の断捨離ワークのやり方〉

①相手の周りにあるオーラと、自分の周りにあるオーラがつながっているところをイメージする。

②オーラが紐やロープなど一本の線でつながっているところをイメージする。

③その線をハサミで切るイメージをする。

それほど執着を持っていない相手であれば、細い紐を切るような軽い感触のはず。反対に、**自分に対する相手の執着が強ければ強いほど、なかなか切れないイメージだったり、太くて頑丈なロープのように感じたりします。**ジョキジョキという手応えを感じたら、執着が強い相手だと思って力強く切りましょう。

POINT

嫌いな相手との縁はハサミでひと思いに断ち切る

Column 4

よこしまな“邪望”を祓う

嫉妬のお作法

人間関係を育む上で気をつけたいのが、羨む・妬むといった嫉妬心から生まれる邪気です。嫉妬をする理由や、感情をコントロールする方法を知ることで、邪気のない良好な人間関係を築きましょう。

嫉妬心を含む願望は〝邪望〟

ネガティブな感情の中でも特に厄介なのが嫉妬心です。「あの人よりも高価なブランド品を身につけたい」「あの子よりも素敵な彼と高級レストランに行きたい」「みんなが羨むようなリゾートホテルに泊まりたい」など、人と比べることから生まれる願いは、願望でも野望でもなく〝邪望〟です。

邪望を抱くことは、潜在意識では望んでいないことを無理やり追い求めている状態です。叶いづらいことはもちろん、その状況が次第に苦痛となり、イライラすることで一層、邪気に心を支配されてしまいます。

嫉妬を向上心に変えよう

なぜこうした感情が生まれるのかと言えば、根底には人から良く思われたいという気持ちがあるから。もし嫉妬心が生まれそうになったら、「私もあの人みたいにキレイになれるよう自分磨きをしよう」など、自分を卑下せずに前向きな気持ちに昇華させることで邪気を祓いましょう。

人生は徒競走と同じで、隣の人を見て走っていたら上手に走れず、その分ゴールするのも遅れてしまいます。人と比べることで生まれる邪望ではなく、自分の心からの願いを知ることで、着実に叶えましょう。

5章

一年の終わりと初めは邪気を一掃するチャンス

年末年始は邪気を祓い、新しい運気を招き入れる絶好のチャンス。日本古来の儀式にならい、気持ちの良い新年を迎えましょう。

年末年始に潜む邪気

風習なおざり邪気

特徴：行事を軽んじる家にもぐり込む

ものぐさ邪気

特徴：大掃除をしない“汚部屋”が好き

罰当たり邪気

特徴：初詣の作法を知らない人にとりつく

など

年末年始の邪気祓い1

断捨離ノートで徹底的に“断邪気”

こんな人にオススメ

◇ 大掃除をするのが面倒くさい

◇ 普段から掃除をしているので大掃除は必要ないと思っている

年末と言えば大掃除。古来より日本では、一年間の汚れを祓い清めるという意味で行われてきました。よく年末になると、神社ですす払いをしている様子がニュースで取り上げられますが、神棚や仏壇を清めることで**家の中にたまった邪気を祓うことは、お正月にやってくる「年神様」をお迎えするための大事な風習とも言えます。**

いつもよりも念入りに掃除をするほか、断捨離も思い切って行いましょう。目に見えるものはもちろん、**辛い人間関係や我慢していることなど、目に見えないものまで捨てます。**その際、役に立つのが〝断捨離（デトックス）ノート〟。書き出して「見える化」することで、きちんと意識しながら捨てることができます。ポイントは「これ以上、嫌なことはない」と思えるまで書き続けること。ものも人間関係も邪気のたまった不要なものを徹底的に断捨離することで、新年の新しい運を招き入れましょう。仕上げにノートを捨てるか、書いた紙を破って捨てれば年末の〝断邪気〟の完了です。

POINT

邪気を捨てれば、新たな運がやってくる

大掃除の仕上げは火のパワーでお清め

こんな人にオススメ

◇ 掃除をしてもスッキリしない

◇ アロマキャンドルやお香を焚く習慣がない

大掃除をしたあとは部屋の中で火を焚きましょう。もちろん、たき火をせよと言っているわけではなく、お香やアロマキャンドルでOKです。火には強い浄化作用があります。「火打石」をご存知でしょうか？　よく時代劇などで、家の主人が出かけるときに火打石を打って火花を起こしながら見送るシーンがありますよね。これを「切り火」と言い、**火花によって身を清め、邪気祓いをするという意味があります。**現代でも落語家や花柳界などの伝統を重んじる職業や、とび職・大工などの危険と隣り合わせの仕事に従事する人々が行っています。お香やアロマキャンドルは、好きな香りのもので大丈夫。**火には邪気を祓うだけでなく人の心を癒す効果もある**ので、大掃除の終わりに火を焚くことで、疲れた心と体をリラックスさせてください。古くから日本で信じられてきた火のパワーによって、部屋を清め、清々しい気持ちで新年を迎えましょう。なお、火のもとと換気にはくれぐれも注意してくださいね。

POINT

「切り火」のつもりで場の空気を清めよう

年末年始の邪気祓い3

門松・しめ縄・鏡餅…定番アイテムで邪気祓い

こんな人にオススメ

◇ 正月飾りを飾ったことがない
◇ 正月飾りはデザインを気にせず毎年、適当に選んでしまう門松・しめ縄・鏡餅など、さまざまな種類があるお正月飾り。最近では飾っていない家も多くなりましたが、これらはすべて縁起が良く、開運につながるものです。せっかく大掃除をして家の中を祓い清めたなら、**開運アイテムを使って神様を招き入れましょう。**それぞれ、門松には神様に降りてきていただくための目印、しめ縄には神様をお迎えするのにふさわしい神聖な場所を示すもの、鏡餅は神様を迎え入れた際のお供えものという意味があります。特にしめ縄は邪気祓いの観点でも効果的。**しめ縄を飾った家は神聖な場であるため、邪気が入り込めないのです。**値段は安いものでも構いませんので、気に入ったデザインのものを選ぶようにしましょう。「とりあえず飾っておけばいいか」という気持ちで、適当に買ったものでは効果も半減。神様をお迎えするための大切なアイテムであることを忘れずに、心を込めて選ぶことが重要です。お気に入りの開運アイテムで、気持ち良く神様をお迎えしましょう。

POINT

しめ縄で邪気を締め出し、神様を迎え入れよう

年末年始の邪気祓い4

義理で書く年賀状で邪気を送るなかれ

こんな人にオススメ

◇ 毎年、年賀状を書くのがおっくう

◇ いつも年末ギリギリや年始に書いている

新年に届く年賀状は、遠方に住んでいる友達やずっと会っていない旧友の近況を知らせてくれる心温まるお便りです。明るいニュースがあれば、年始から幸せな気持ちになりますよね。しかし、中には「別にこの人の近況を知らなくても……」と思う場合もありませんか？　受け取ったときに何かしらネガティブな気持ちになる相手は、あなたにとって必要のない縁である証拠。そもそも年賀状は、お世話になっている人の家を年始に訪ねるという風習から始まったものです。時間や距離の都合ですべての家をまわることが難しいため、その代わりとして年賀状が生まれました。しかし、現代ではメールやＳＮＳなど、さまざまな形でお礼や挨拶をすることができます。義理で書くくらいなら送らないほうがいいかもしれません。**義理というのは遠慮や我慢などの邪気です。わざわざ年賀状で邪気を送り合うことはありません。**「書かなければいけない」という義務感からではなく、自分の心に従って書きましょう。

POINT

新年から邪気を送らないよう、書かない勇気も必要！

年末年始の邪気祓い5

スーパー開運フード
おせち料理で邪気祓い

こんな人にオススメ

◇ おせち料理をつくるのが面倒
◇ お正月でも普段と変わらず
普通の料理を食べている

新年の初めに食べるおせち料理。みなさんご存知かと思いますが、一つひとつの料理には、願いが込められていて開運・浄化などの意味があります。**積極的に食べることで体の内側から邪気祓いをしましょう。**

【黒豆】黒は邪気祓いの色とされる。また、「黒く日焼けするほどマメに働けるように」という意味から邪気祓いと無病息災を願う。

【数の子】卵の数が多いことから子孫繁栄を願う。

【紅白かまぼこ】赤色は魔除け、白色は清浄の意味。

【伊達巻】巻物に似ていることから文化・教養が身につくことを願う縁起物。

【栗きんとん】黄金色に輝く財宝にたとえて金運アップを願う。

【海老】ひげを生やし、腰が曲がるまで長生きすることを願う。

一年の幸福を願いながら、家族でおせちを囲む幸せな時間で邪気を祓いましょう。

POINT

それぞれの意味を噛みしめ、体の内側から邪気祓い

年末年始の邪気祓い6

ドリームボードで邪気知らずの一年を

こんな人にオススメ

◇ 元旦に目標を立てても三日坊主になることが多い
◇ なかなか叶わない夢や目標がある

新年は抱負を持つのに最適なタイミング。毎年書き初めに目標を書く人もいると思いますが、オススメの方法は、**付箋などのメモとコルクボードを使って目標を「見える化」するやり方です。**まず付箋一枚につきひとつずつ願い事を書き込み、ボードに貼っていきます。その際、**思いつく限りたくさんの願い事を書き出しましょう。**「こういう人生を歩みたい」「こんな人になりたい」など、ワクワクしながら未来を想像する時間が邪気祓いにつながります。貼り終えたら、部屋のあまり目立たない場所にボードを置いてください。デスクの目の前など常に目につく場所に置くと、「まだ叶っていない」と意識しすぎてしまうので注意。夢への執着が邪気を生み、叶いづらくなります。意識せず、忘れるくらいの気持ちでいましょう。次に見たときに願いが叶っていて驚くはずです。年始のドリームボードは、夢や目標が明確になるのと同時に、一年後の楽しみにもつながるのでぜひやってみてください。

POINT

書き出すことで邪気に惑わされず、夢へと一直線

年末年始の邪気祓い7

新年の邪気祓いは氏神様《うじがみ》からスタート

こんな人にオススメ

◇ 初詣に行くのが面倒くさい
◇ 自分の氏神神社がどこにあるのか知らない

初詣は氏神様からお参りに行くのが基本です。氏神様とは自分が今、住んでいる土地を守ってくれている神様のこと。その名の通り、もともとは同じ氏姓を持つ氏族の間で祀られた神様を指し、その血縁集団を氏子と呼んでいました。現在では血縁とは関係なく、その土地に暮らす人や働く人を氏子と呼んでいます。

日頃から私たちのことを見守ってくださる氏神様に感謝することはもちろん、年が明けたら真っ先に氏神様のもとに挨拶に行くことで、新年の邪気祓いをしましょう。

なお氏神神社は歴史的な経緯などにより、自宅から一番近い神社とは限りません。各都道府県の神社庁に問い合わせれば教えてもらえるので、知らない人はぜひチェックしてみてください。

氏神様にお参りに行ったあとは、好きな神社を訪れて大丈夫。初詣の回数に決まりはありませんから、自由に好きなだけ参拝してください。

POINT

年が明けたら、まず氏神様に挨拶して邪気祓い

年末年始の邪気祓い8

帰省中なら 産土神様《うぶすながみ》にお参りを

こんな人にオススメ

◇ 年末年始は帰省していることが多い

◇ 年末年始は旅先にいるため、どこに初詣に行けばいいかわからない新年の始まりには、氏神様に挨拶に行くことが理想的です。とは言え、帰省や旅行などにより、自宅以外の場所で年末年始を過ごす人も多いと思います。そういう場合は帰宅したタイミングでお参りに行くようにしましょう。帰省しているのであれば、実家の氏神様に挨拶をするのもオススメです。

実家が自分の生まれた場所から変わっていないのであれば、産土神様にお参りに行ってみるのも良いでしょう。産土神社については、厳密な定義があるわけではなく、生まれた場所という説もあれば、育った場所という説もあります。どちらにしても、**自分が生まれてから成長していく間に見守ってくれていた神様ということですから、感謝の気持ちを伝えてください。**

お正月はもちろん、帰省の際は実家の近くの神社にぜひ足を運んでみましょう。

POINT

帰省したら、実家の近くの神社で邪気祓い

年末年始の邪気祓い9

お賽銭の金額は神様への感謝代

こんな人にオススメ

◇ お賽銭は5円玉を入れる
◇ お賽銭を入れずにお参りだけすることがある

初詣の際、お賽銭はいくら入れるべきなのでしょうか？　結論から言うと、初詣に限らず、**お賽銭の金額に決まりはないので好きな金額を入れてOKです。**ただし、目安として覚えておきたいのは、**お賽銭は神様に対する感謝の気持ちの表れだということです。**特に「ご縁がありますように」と5円玉しか入れていないような人は要注意。いくらでもいいとは言え、たった5円で幸せな未来や願い事を叶えてもらおうとするのはなかなか無謀な気もしますよね。

また、とりあえずお財布に入っていた小銭をじゃらじゃらと入れるのも考えもの。金額にかかわらず、そうした投げやりな態度の人には神様も振り向いてくれません。幸運をつかむつもりが、むしろ邪気を引き寄せてしまいます。同様にお賽銭を入れるときも、遠くから投げ入れるのではなく、感謝の気持ちを込めてそっと入れるようにしましょう。

POINT

投げやりな態度は幸運ではなく邪気を引き寄せる

年末年始の邪気祓い10

お参りはお願いではなく宣言すること

こんな人にオススメ

◇ 神社に行くと、長々とお願い事をしてしまう
◇ 神様に恨み言を言ってしまう

初詣をはじめ、神社でお参りをする際にやりがちなのが、お願い事をすること。「恋人ができますように」などの**願い事は一切、口にしないようにしましょう。**

確かに神様は願い事を叶えてくれます。しかし、みんながみんな願い事ばかりしていたら神様も疲れてしまいます。「彼氏ができません。助けてください！」などの泣き落としも逆効果。そうしたネガティブな発言は邪気の大好物であり、心にもネガティブな意識を深く刻み込んでいきます。**正しいお参りの仕方とは、まず感謝の気持ちを伝えること。**「いつも見守ってくださり、ありがとうございます」と感謝の言葉を心の中で発したら、次に自分が望む未来を宣言します。「素敵な恋人ができるように行動します」「仕事がうまくいってたくさん稼げるようになります」など、覚悟を伝えることで邪気を祓いましょう。具体的に宣言することがない場合は、感謝をするだけでも十分、邪気祓いの効果が期待できます。

POINT

夢を叶えようとする強い意志に、邪気は尻込みする

年末年始の邪気祓い11

新年のおみくじは神様からのメッセージ

こんな人にオススメ

◇ おみくじをあまり引かない
◇「凶」や「大凶」などを引くと落ち込んでしまう

神社にお参りに行ったら、絶対にやってほしいことがあります。それはおみくじを引くこと。「大吉」や「凶」など、出た運勢を気にしてしまいがちですが、**大事なのは運勢の説明書きの言葉、つまり神様からのメッセージです。**しっかり読んでみると、驚くほど当たっていることがわかります。とは言え、「凶」が出れば落ち込みますよね。私も「大凶」を引いたことがありますが、凶や大凶は滅多に引けないからこそ、むしろ「ラッキー」くらいに思ってみてください。あまり気にせずメッセージを読むようにしましょう。**特にお正月に受け取るメッセージは一年を象徴する言葉ですから、**どんな一年になるのか、どんなことに気をつけるといいのかなど、邪気を祓うヒントもあるはず。良いメッセージであれば、神様からのお手紙だと思って大切に持っておきましょう。おみくじは神社ごとに異なるメッセージを受け取ることができるので、いろいろな場所で引いて楽しんでみるのもオススメです。

POINT

運勢よりも神様からの「お言葉」に注目しよう

Column 5

行ったほうがイイ!

パワースポット BEST 3

邪気祓いの心強い味方が「パワースポット」。エネルギーの高い場所に行くことは、邪気を祓えるだけでなく運気アップにもつながります。ここでは私のとっておきのパワースポットをご紹介します。

相性や時期が大事!

実はパワースポットには人によって「合う」「合わない」があります。相性が合う場合であれば良い気を感じたり、清々しい気持ちになったりします。しかし合わない場合は天候や交通事情など、不測の事態によってたどり着くことすらできないケースも。同じ人でもその時々の自分の状況やタイミングによって相性が変わることもあるので、一度ダメでも諦めずに再度足を運んでみましょう。

ここで紹介する場所以外にも、行くだけで心が安らぐ〝マイパワースポット〟をぜひ見つけてくださいね。

1 代々木八幡宮

古来、国家鎮護の神様として仰がれた八幡様が祀られています。厄除開運の神様として有名で、訪れるたびに清々しい気持ちに。

東京都渋谷区代々木5-1-1

2 明治神宮

明治天皇と皇后の昭憲皇太后を祀る神社です。毎年大晦日には新年を迎える前に１年の罪けがれを祓い清める「大祓（おおはらえ）」の儀式が行われます。

東京都渋谷区代々木神園町1-1

3 大石林山

沖縄の「やんばる国立公園」にある琉球神話が息づく山。奇岩や亜熱帯の森を眺めながらトレッキングをすると、心が浄化されていくのを感じます。

沖縄県国頭郡国頭村宜名真1241

あとがき

みなさん、いかがでしたでしょうか？
本書を読んで、邪気がとても身近な存在であり、自分の心の中にあるもの、だからこそ日頃の邪気祓いがとても重要であることがわかっていただけたと思います。

「うまくいかない」「気分がどんよりしている」などというときは、自分の心がネガティブな気を発していないか、チェックしてみてください。もし邪気に気づいたら、すぐに祓い清め、心も空間もすっきり清々しい状態を保ちましょう。その積み重ねによって、幸せや豊かさを手に入れることができます。

本書を読んだみなさんなら、もうお気づきかと思いますが、人はいつでも、どんな状況からでも変わることができます。みなさんにとって、それは今です。**大切なのはひとつずつ、できることから始めていくこと。邪気を祓った分だけ、新たな幸せが舞い込んできます。**

特に気持ちや環境の変化が多い年末年始、新年度、新学期などは邪気祓いにうってつけの時期。これまでの人間関係やためていたもの・ことを見直し、思い切って邪気を祓いましょう。そうすれば、必ずこれまでよりもさらに素晴らしい日々が訪れるはずです。邪気祓いをしながら、豊かで幸せに満ちた人生を、ぜひ歩んでくださいね。

碇　のりこ

碇のりこ

（いかり・のりこ）

Profile

合同会社リッチマインド代表
スピリチュアルセラピスト
心のブロック専門家
事業家

1969年北海道生まれ、神奈川県在住。短大卒業後、営業やインテリアコーディネーターなどの職業を経て、1998年にマーケティング業界で起業。2万人以上をマネージメントする。幼い頃からスピリチュアルの世界に精通していたことや、潜在意識を学び始めたことがきっかけで2012年にスピリチュアル活動をスタート。毎回満席になるセミナー・講演の実施回数は5000回以上。スピリチュアルをテーマにした自身のブログは月間アクセス数110万PVを超える。趣味は家族との開運旅行。

著書に『「こころのブロック」解放のすべて』（Clover出版）、『いいことだけを引き寄せる結界のはり方』（フォレスト出版）がある。

Goods

ここでは邪気祓いにオススメの碇のりこプロデュースによる、オリジナルアイテムをご紹介します。インテリアとしてもおしゃれなアイテムで、邪気祓い、運気アップに効果的です。

Wish Detox

ブラックソルトで最強デトックス！

沖縄の塩に、硫黄を含みマイナスのエネルギーを跳ね返す力があるブラックソルトをブレンド。盛り塩やお守りとして使えるのはもちろん、お風呂に入れて入浴すればデトックス効果も抜群です。

Wish Candle

パワーストーン入り
アロマキャンドルで浄化

クリスタルが混合されたパワーストーンが中に入っているキャンドル。クリスタルの力で場の空気を浄化するとともに、運気もアップ。キャンドルを使い切ると、中から鉱石が現れます。

詳細・お問い合わせはこちら

公式オンラインショップ
「リッチマインド」 https://richmind.official.ec/

▶ブログ
「お金と愛を手に入れる５つのリッチマインド」 https://ameblo.jp/noriko-happy-life/

▶無料ニュースレター
「願いを叶える！運を上げる！ための実践するニュースレター８日間講座」
https://88auto.biz/noriko-life/registp.php?pid=1

デザイン◆佐久間勉・佐久間麻理（3Bears）

イラスト◆まつむらあきひろ

編集協力◆井藤祥子

やったほうがイイ！ 邪《じゃ》気《き》祓《ばら》い

2018年12月20日 第1刷発行

著　者　碇《いかり》のりこ

発行者　中村 誠

印刷所　株式会社光邦

製本所　株式会社光邦

発行所　株式会社日本文芸社

〒101-8407 東京都千代田区神田神保町1-7

電話 03-3294-8931（営業）　03-3294-8920（編集）

Printed in Japan

112181212-112181212Ⓝ01（310038）

ISBN978-4-537-21643-1

URL https://www.nihonbungeisha.co.jp/

（編集担当：河合）